CE2
cycle 2

W0203375

Qui a volé le sac de Madame Choumpette ?

Qui a volé le sac de Madame Choumpette ?
Christine Berthon

Les doigts rouges
Marc Villard

Sale temps pour l'inspecteur
Jean-Louis Fonteneau et Olivier Schwartz

Le secret de Cyprien
Paul Thiès

Notes de **Pascal Dupont**
Formateur
IUFM Midi-Pyrénées

hachette
ÉDUCATION

Responsable de projet : Valérie Dumur
Illustrations de l'intérieur : Clément Chabert,
Anne-Sophie Lanquetin, Olivier Schwartz,
Marie-Hélène Tran-Duc
Illustration de la couverture : Clément Chabert
Création de la couverture : Estelle Chandelier
Réalisation de la couverture : Créapass, Paris
Maquette intérieure : Laurent Carré, Michaël Funck
Réalisation : Créapass, Paris

PAPIER À BASE DE FIBRES CERTIFIÉES

hachette s'engage pour l'environnement en réduisant l'empreinte carbone de ses livres. Celle de cet exemplaire est de :
550 g éq. CO_2
Rendez-vous sur www.hachette-durable.fr

ISBN : 978-2-01-118128-2

58 rue Jean Bleuzen, CS 70007, 92178 Vanves Cedex
www.hachette-education.com

AVANT-PROPOS

Des récits policiers en littérature, pour quoi faire ?

Les apprentissages fondamentaux : **parler**, **lire**, **écrire** ne sauraient se résumer à des savoir-faire décontextualisés et vides de sens. L'édition de jeunesse a rendu accessibles de nombreuses histoires policières dont les contenus thématiques proches du réel ont un fort pouvoir d'attraction sur les enfants.

Les récits policiers permettent une entrée dans la littérature par les genres. Le genre policier se caractérise par l'utilisation de stéréotypes portant sur les personnages, les lieux, les actions qui s'y déroulent. Ces stéréotypes facilitent, pour les élèves, de nombreux repérages portant sur les rôles joués par les protagonistes (enquêteur, victime, suspect, etc.), l'espace spatio-temporel (inquiétant, le plus souvent), les évènements (vol, enlèvement, disparition, etc.). Il peut prendre en outre de nombreuses formes : aventure policière, énigme à résoudre, roman d'enquête.

À partir de ces repères littéraires, les élèves se constitueront une première culture qui entrera en résonance avec les expériences et les lectures à venir.

Quelles œuvres choisir ?

Le bibliobus Hachette Histoires policières propose aux jeunes lecteurs des œuvres de fiction considérées comme des classiques de la littérature policière pour enfants ou bien inédites, et sous différentes formes : roman, saynète à mettre en scène, bande dessinée. Leur lecture est l'occasion pour les jeunes lecteurs de déjouer les pièges de l'intrigue, de débusquer les fausses pistes, ce qui nécessite d'être attentif à la prise d'information et contribue au développement d'un comportement de lecteur.

Devenir lecteur

On le sait depuis longtemps : il ne suffit pas d'avoir appris à lire pour devenir lecteur. Le goût et le plaisir de lire ne peuvent se développer qu'à partir de rencontres fréquentes avec les textes. Il convient donc avant tout de lire beaucoup.

Les adultes accompagneront les enfants sur le chemin de la lecture en lisant eux-mêmes les textes à haute voix qui permettent de « raconter » l'histoire. Ils donneront ainsi aux enfants l'occasion de partager des émotions, de développer une première forme d'esprit critique tout en les guidant dans leur compréhension.
Pour éviter la mise en mémoire d'informations fragmentées, ils les aideront peu à peu à tisser des réseaux de significations entre différentes œuvres et différentes cultures.

La littérature à l'école

L'école s'est fixé deux objectifs majeurs pour le cycle 3 dans ses programmes de l'école primaire[1].
L'un, quantitatif : « Chaque année, les élèves lisent intégralement des ouvrages relevant de divers genres et appartenant aux classiques de l'enfance et à la bibliographie de littérature de jeunesse ».
L'autre, qualitatif : « Le programme de littérature vise à donner à chaque élève un répertoire de références appropriées à son âge, puisées dans le patrimoine et dans la littérature de jeunesse d'hier et d'aujourd'hui ; il participe ainsi à la constitution d'une culture littéraire commune. Ces lectures cursives sont conduites avec le souci de développer chez l'élève le plaisir de lire.
Les élèves rendent compte de leur lecture, expriment leurs réactions ou leurs points de vue et échangent entre eux sur ces sujets, mettent en relation des textes entre eux (auteurs, thèmes, sentiments exprimés, personnages, évènements, situation spatiale ou temporelle, tonalité comique ou tragique...). »
Il appartient aux éducateurs : enseignants, parents, médiateurs du livre, de relayer cette ambition.

Pascal Dupont

(1) Les programmes de l'école primaire, B.O.E.N, 19 juin 2008.

Christine Berthon

Qui a volé le sac de Madame Choumpette ?

Illustré par Clément Chabert

Les personnages :

POLICIER CHEF-CHEF
POLICIER TROUVETOUT
M. RAVIOLI
La timide MME CONFITURE
La richissime MME DIAMANT
Le clown PANTALON-PARTERRE
La commère, MME POIREAU
La très belle MME BELLE-DAME
Les deux sœurs, enceintes de 8 mois
Le Japonais et sa femme
La panthère
La chatte et ses petits chatons

Les accessoires :

Un lecteur CD pour écouter la musique de cirque du clown PANTALON-PARTERRE, la musique japonaise, et la musique d'entrée de MME BELLE-DAME
Un bloc-notes pour POLICIER CHEF-CHEF
Un parapluie pour MME POIREAU
Le sac de MME CHOUMPETTE

Le décor :

La pièce se déroule dans le bureau des deux enquêteurs. Six chaises sont placées en demi-cercle au centre de la scène.

Scène 1

Monsieur Ravioli, Madame Confiture,
Madame Diamant
et le clown Pantalon-Parterre
sont dans le bureau des deux enquêteurs
Policier Chef-Chef
et Policier Trouvetout.

POLICIER CHEF-CHEF

Asseyez-vous ! (*Les suspects s'assoient.*) Dans la nuit du 24 au 25 avril dernier, on a volé le sac à main de Madame Choumpette. Ce sac était posé sur sa table de nuit. Au petit matin, le sac avait disparu. (*Il se gratte la tête.*) Étrange ! Étrange histoire que cette histoire-là ! Vous… (*En désignant M. Ravioli.*) approchez ! Comment vous appelez-vous ?

un suspect : quelqu'un que la police prend pour l'auteur possible d'un méfait

M. RAVIOLI

Monsieur Ravioli !

POLICIER CHEF-CHEF

Que faisiez-vous dans la nuit du 24 au 25 avril ?

M. RAVIOLI

Moi ? Je mangeais des frites !

POLICIER CHEF-CHEF
Vous mangiez des frites, Monsieur Ravioli ? Humm… Étrange… comme c'est étrange ! Et vous… (*Pointant son doigt vers Madame Confiture.*) approchez ! Comment vous appelez-vous ?

MME CONFITURE, *d'une toute petite voix.*
Je m'appelle Madame Confiture.

POLICIER CHEF-CHEF
Que faisiez-vous dans la nuit du 24 au 25 avril ?

MME CONFITURE

Je cueillais des cerises.

POLICIER CHEF-CHEF

Des cerises ? Dans la nuit ? Des cerises au mois d'avril ? (*Se grattant la tête.*) Étrange ! Étrange histoire que cette histoire-là ! (*Puis se tournant vers Policier Trouvetout.*) Vous ne trouvez pas cela étrange, mon cher collègue ?

POLICIER TROUVETOUT

Oh oui, chef-chef ! Très étrange, chef-chef ! En effet, chef-chef…

POLICIER CHEF-CHEF, *commençant à s'énerver.*

Ça suffit !

S'approche alors Madame Diamant.

MME DIAMANT, *se présentant aux enquêteurs.*

Je suis Madame Diamant.

POLICIER CHEF-CHEF

Madame Diamant ? (*Il s'approche et touche sa belle robe*.) Mais comment a-t-elle payé tous ces diamants ? Peut-être avec l'argent de Madame Choumpette ?

MME DIAMANT, *reculant.*

Non, ce sont les diamants de ma mère !

POLICIER TROUVETOUT

Les diamants de sa maman, chef-chef !

POLICIER CHEF-CHEF, *s'adressant à Trouvetout.*

Taisez-vous ! (*Puis se grattant la tête.*) Étrange ! Étrange histoire que cette histoire-là !

On entend soudain un grand fracas,
suivi d'un éclat de rire :
le clown Pantalon-Parterre
vient de tomber de sa chaise.

un grand fracas : un énorme bruit

un éclat de rire : se mettre à rire très fort soudainement

POLICIER CHEF-CHEF

Tiens ! Justement, Pantalon-Parterre ! Dites-nous ce que vous faisiez dans la nuit du 24 au 25 avril.

PANTALON-PARTERRE

Je répétais mon numéro. Regardez, je vais vous montrer. (*Il met une musique de cirque. Il tient son pantalon à deux mains. Il se concentre, puis fait son numéro : il lève une jambe, puis un bras, se met sur la pointe des pieds et lève le deuxième bras, à ce moment-là son pantalon tombe par terre, ce qui provoque un éclat de rire général.*)

se concentrer : être très attentif à ce que l'on va faire

POLICIER TROUVETOUT, *continuant de rire sans pouvoir s'arrêter.*

Ah ! Ah ! Ah ! Hi ! Hi…

POLICIER CHEF-CHEF, *sévèrement.*

Ça suffit ! Arrêtez-vous ! Ça suffit, j'ai dit…

une commère : personne bavarde qui raconte toutes les nouvelles vraies ou fausses

La commère du quartier,
Madame Poireau, entre en scène.
Elle est tout essoufflée.
Elle tient dans sa main
un parapluie fermé.

MME POIREAU, *agitant son parapluie.*
Attendez... Attendez... j'ai quelque chose à vous dire.

POLICIER CHEF-CHEF ET POLICIER TROUVETOUT, *s'arrêtant de rire, les yeux écarquillés.*

écarquillés : grands ouverts

Qui c'est, celle-là ?

MME POIREAU
Je m'appelle Madame Poireau. J'habite au numéro 4 de la rue des Cancans, juste à côté de chez Madame Choumpette. C'est vrai que, cette nuit-là, j'ai senti comme une odeur de frites, mais j'ai surtout entendu de drôles de bruits, qui venaient de la fenêtre de Madame Diamant.

MME DIAMANT, *stupéfaite.*
Oh ! La menteuse !

ON RECHERCHE
PV

MME POIREAU
Oui, du bruit, du bruit comme… (*Elle réfléchit.*) comme un bruit de sac à main qu'on vole !

MME DIAMANT
Ce n'est pas possible ! Je dormais, moi ! Espèce de vieille commère !

MME POIREAU
Oh ! Policier Chef-Chef, dites quelque chose !

POLICIER CHEF-CHEF
Madame Poireau, vous ne dormiez donc pas ?

MME POIREAU
Si… mais j'avais laissé ma fenêtre ouverte et l'odeur des frites m'a réveillée. Je me suis levée pour la fermer. C'est à ce moment-là que j'ai entendu du bruit. (*D'un air moqueur.*) Je suis sûre qu'elle ne dormait pas !

POLICIER CHEF-CHEF, *se grattant la tête.*
Étrange ! Étrange histoire que cette histoire-là… hum ! Dites, Monsieur Ravioli, vous n'avez pas entendu du bruit cette nuit-là ?

M. Ravioli
Non… car j'écoutais de la musique en mangeant mes frites.

Mme Poireau
C'est pas vrai ! Je n'ai jamais entendu de musique.

M. Ravioli, *en hurlant dans ses oreilles.*
Faudrait enlever vos feuilles de poireaux de vos oreilles, vieille mémère !

Mme Poireau, *se tournant vers Policier Trouvetout, en pleurnichant.*
Dites quelque chose !

pleurnicher : se plaindre *(langage familier)*

Policier Trouvetout, *se tournant vers Policier Chef-Chef.*
Euh ! Qu'est-ce que je dois dire, chef-chef ?

Policier Chef-Chef, *énervé.*
Rien ! Taisez-vous !

Mme Confiture, *levant le doigt et parlant d'une toute petite voix.*
S'il vous plaît, je peux partir ?

POLICIER CHEF-CHEF
Non, pas encore ! Rasseyez-vous ! Collègue, que pensez-vous de toute cette histoire ?

POLICIER TROUVETOUT
Ben… rien, chef-chef !

POLICIER CHEF-CHEF
Taisez-vous quand même ! Bon, nous allons suspendre cette enquête et faire entrer les nouveaux suspects ! Vous, Madame Poireau, restez-là !

suspendre : arrêter un moment

Monsieur Ravioli, Madame Confiture,
Madame Diamant
et Pantalon-Parterre sortent.
Le clown trébuche et son pantalon
tombe de nouveau.
Éclat de rire général.
Le Policier Trouvetout va chercher
les nouveaux suspects.

Scène 2

Madame Poireau s'est assise sur une des chaises. Elle épie tout ce qui se passe autour d'elle. Policier Trouvetout revient accompagné des deux sœurs enceintes de 8 mois, du Japonais et de sa femme, et, loin derrière, de la panthère. Celle-ci vient se coucher juste aux pieds de Madame Poireau qui sursaute de peur et se recroqueville sur sa chaise. Policier Trouvetout a, lui aussi, peur de la panthère : il s'accroche au bras de Policier Chef-Chef et ne le lâche plus. La panthère rugit.

épier : surveiller attentivement

se recroqueviller : se ramasser sur soi-même

POLICIER CHEF-CHEF, *sortant un bloc-notes et lisant très vite.*
Rappel des faits : dans la nuit du 24 au 25 avril dernier, on a volé le sac à main de Madame Choumpette. Ce sac était posé sur sa table de nuit. Au petit matin, le sac avait disparu. (*Il reprend lentement.*) Étrange ! Étrange histoire que cette histoire-là ! Mesdemoiselles, approchez !

LES DEUX SŒURS
Ben nous, d'abord, on ne connaît pas Madame Choumpette.

POLICIER CHEF-CHEF
Ah oui ? Bon, très bien… Je vois que vous attendez toutes les deux un bébé, c'est pour bientôt n'est-ce pas ?

LES DEUX SŒURS
(*L'une.*) On est enceintes de 8 mois. (*L'autre.*) Oui, et on a même accouché la semaine dernière !

POLICIER CHEF-CHEF
Ah ! Et vous êtes déjà enceintes de 8 mois ! Étrange, comme c'est étrange tout ça ! Et où sont vos maris ?

LES DEUX SŒURS

(*L'une.*) Mon mari, il est en Espagne !
(*L'autre.*) Oui, le mien aussi, il est en Espagne.

POLICIER CHEF-CHEF

En Espagne ? Comment ont-ils fait pour payer leur voyage ? Ne serait-ce pas avec l'argent de Madame Choumpette ? Ne trouvez-vous pas ça étrange, cher collègue ?

agrippé : accroché fortement

POLICIER TROUVETOUT, *toujours agrippé au bras de Chef-Chef.*
Euh ! Oui, chef-chef, très étrange.

La panthère rugit.

POLICIER CHEF-CHEF
Taisez-vous et lâchez-moi un peu. (*Il le pousse et le policier tombe par terre tout près de la panthère. Elle rugit.*)

POLICIER TROUVETOUT
Ah ! chef-chef ! Au secours !

POLICIER CHEF-CHEF
Ça suffit ! (*Il l'aide à se redresser, la panthère va se coucher sous la table.*) Bon, reprenons notre enquête. Monsieur, approchez ! D'où venez-vous ?

LE JAPONAIS, *avec un petit accent japonais.*
Moi je viens de mon pays, le Japon. (*Petite musique japonaise.*) Et je repars bientôt dans mon pays, le Japon ! (*Fin de la musique.*) Et voici ma femme. (*Elle salue.*)

POLICIER CHEF-CHEF
Mais il faut beaucoup, beaucoup, beaucoup d'argent pour aller au Japon, car c'est très loin ! Dites-moi, que faisiez-vous dans la nuit du 24 au 25 avril ?

LE JAPONAIS, *avec un sourire.*
Eh bien, je dormais, Maître, avec ma femme. (*La femme sourit.*) Et maintenant, moi je suis réveillé, tout réveillé… Hi… hi… hi. (*Musique.*)

POLICIER CHEF-CHEF
Vous dormiez ! Comme c'est étrange de dormir la nuit ! Et où dormiez-vous ?

LE JAPONAIS, *en s'inclinant.*
Sur mon tapis, Maître. (*Fin de la musique.*)

POLICIER TROUVETOUT
Sur son tapis pis pi… pipi ! (*Il se met à sautiller sur un pied, à se tortiller dans tous les sens et sort en courant.*)

Scène 3

POLICIER CHEF-CHEF
Panthère, dites-moi, vous qui mettez toujours votre nez partout, n'avez-vous pas vu le sac de Madame Choumpette ?

La panthère sort de sous la table et avance vers Policier Chef-Chef. Elle rugit quatre fois de suite.

faire mine : faire semblant

POLICIER CHEF-CHEF, *faisant mine de tout comprendre.*
Vraiment ? Je ne vous crois pas !

MME POIREAU
Mais qu'est-ce qu'elle dit ?

La panthère rugit deux fois de suite.

POLICIER CHEF-CHEF, *faisant toujours mine de comprendre.*
C'est pas possible ! Vous croyez ?

MME POIREAU
Mais qu'est-ce qu'elle dit ?

La panthère s'avance
vers Madame Poireau,
et mord sa jupe.

MME POIREAU, *lui donnant un coup de parapluie.*
Va-t'en, vilaine bête ! Aïe ! Aïe !

POLICIER CHEF-CHEF
Madame Poireau, vous qui savez tout et qui avez tout entendu, dites-moi qui est cette jeune demoiselle qui habite juste à côté de chez vous ?

MME POIREAU
Vous voulez sans doute parler de Madame Belle-Dame ? C'est une princesse, enfin elle se prend pour une princesse. Moi j'vais vous dire, elle se croit la plus belle du monde ! Elle passe ses journées à se coiffer, à se regarder dans le miroir, c'est une…

POLICIER CHEF-CHEF
Euh ! Merci ! Merci… Faites venir Madame Belle-Dame !

Scène 4

Musique, Madame Belle-Dame entre. Tout le monde siffle d'admiration, sauf Madame Poireau.

POLICIER CHEF-CHEF, *la saluant par un petit baise-main et avec une voix toute douce et charmeuse.*

Madame ! (*La musique s'arrête.*) Que faisiez-vous par cette douce nuit de printemps du 24 au 25 avril dernier ? Où étiez-vous donc ?

MME BELLE-DAME

Je dormais.

POLICIER CHEF-CHEF, *surpris.*

Vous dormiez ! Ah ! Oui bien sûr ! (*Tout bas au public.*) Comme c'est étrange tous ces gens qui dorment la nuit !

MME BELLE-DAME, *très fière.*

Je me suis réveillée et j'ai vu de la lumière chez Madame Poireau. Sur sa table, j'ai aperçu un petit sac... peut-être celui de Madame Choumpette ?

MME POIREAU

Oh ! La vilaine ! C'est pas vrai ! C'est une menteuse ! Je n'ai jamais allumé de lumière ! (*Elles commencent à se battre à grands coups de parapluie et d'ombrelle.*)

une ombrelle : un petit parasol portatif pour se protéger du soleil

POLICIER CHEF-CHEF

Ça suffit ! Arrêtez… arrêtez !

Mais elles continuent et la panthère rugit, ce qui provoque un grand énervement. Tout le monde commence alors à se disputer. Tout à coup, on entend du bruit au fond de la salle : c'est Policier Trouvetout qui revient en courant.

POLICIER TROUVETOUT, *tout essoufflé, un sac à la main.*

Chef-chef, re… regardez… ce que j'ai… trouvé…

POLICIER CHEF-CHEF

Quoi, quoi ? Qu'est-ce que c'est ?

POLICIER TROUVETOUT, *brandissant le sac.*

Un sac !

brandir : agiter quelque chose à bout de bras

Tous, *s'arrêtant net et criant.*
Un sac ?

Policier Trouvetout
Oui, le sac de… Madame Choumpette !
Il était sous son escalier, dans sa cour !

Tous
Le sac de Madame Choumpette ?

Policier Chef-Chef
Quoi ?

Policier Trouvetout
C'est une petite chatte qui l'avait pris…

Tous
Une chatte ?

Policier Trouvetout
Oui, approchez, approchez ! Regardez ça…

Tous, *s'approchant à tour de rôle, du côté des coulisses.*
Oh ! Oh !

les coulisses : partie du théâtre située derrière les décors, invisible pour les spectateurs

Policier Chef-Chef,
bousculant tout le monde.

Laissez-moi voir ! Qu'est-ce que c'est ? Parlez… dites-moi ! Collègue ! Vous allez parler ?

Policier Trouvetout

Regardez… chef-chef !

Les chatons, *entrant en scène, derrière leur mère.*

Miaou, miaou…

LA CHATTE, *très fort.*
Miaou miaou…

POLICIER CHEF-CHEF
Oh !

POLICIER TROUVETOUT, *très fier.*
Oui, chef-chef ! Et c'est moi qui l'ai trouvé ! (*En riant.*) Cette chatte avait pris le sac de Madame Choumpette pour faire… ses petits dedans. (*Il rit.*)

TOUS, *avec joie.*
Oh ! Comme ils sont mignons !

Mme Poireau

Poussez-vous ! Mais poussez-vous donc ! Je ne vois rien du tout… (*Elle pousse tout le monde et ils tombent tous les uns sur les autres !*)

Tous, *en riant.*

Oh ! Madame Poireau !

Policier Chef-Chef, *sortant sa tête et se tournant vers le public en riant.*

Ah ! Ah ! Vraiment étrange ! Étrange histoire que cette histoire-là !

Marc Villard

Les doigts rouges

Illustré par Anne-Sophie Lanquetin

1

Les nuages se chargèrent de pluie et le vent se leva. Sur la plage de Saint-Clair, à la sortie du Lavandou, les derniers vacanciers de septembre plièrent leurs parasols inutiles et leurs serviettes de bain. Les jouets des enfants regagnèrent les coffres des voitures familiales.

Le Lavandou : ville balnéaire du département du Var

Ricky Miller, huit ans, frissonnait sous son tee-shirt Snoopy mais il aurait pu supporter la pire des bourrasques. Car il attendait Georges, son frère, qui regagnait la plage en battant l'eau des mains et des pieds avec une belle énergie.

une bourrasque : un fort coup de vent

Pour Georges, Ricky se serait fait couper en morceaux, il aurait traversé des forêts, escaladé des montagnes. Il admirait sans retenue son frère qui le méritait bien, faut-il le préciser ?

Georges le rejoignit sur le sable, tout dégoulinant d'eau.

– Passe-moi la serviette, Ricky, et range les affaires, nous rentrons à la maison.
– C'est déjà fini les vacances ?
– Encore cinq jours et on remonte sur Paris. Sophie et toi, vous recommencez l'école dans une semaine.
Sophie, la sœur de Georges et Ricky, ne descendait à la plage que le matin car elle se réservait l'après-midi pour travailler. À seize ans, elle se préparait déjà à passer le bac.
Monsieur et madame Miller laissaient leurs enfants seuls à la villa « Les Cyprès » pour la première fois en septembre. Cette année Georges avait dix-huit ans, était majeur et pouvait prendre cette responsabilité. Ce qui réjouissait Ricky.
Ils traversèrent la route alors que les premières gouttes tachaient le goudron. Puis, en trottinant, les deux garçons rejoignirent la villa familiale.

Dans la salle à manger, Sophie était en grande conversation avec un gendarme bien connu au Lavandou sous le sobriquet de Pluto.

majeur : qui a dix-huit ans ou plus

réjouir : faire plaisir à quelqu'un

un sobriquet : un surnom familier

Sophie s'empressa d'expliquer aux nouveaux venus la présence du gendarme :

– Bruno Ségura a disparu !

Les deux garçons restèrent sans réaction, encore essoufflés par leur course. Aussi le gendarme décida de poursuivre la conversation :

– Eh oui, envolé Bruno ! Comme vous le fréquentiez, j'ai pensé que vous pourriez m'apprendre quelque chose.

– On le connaissait pas tellement... commença Georges.

– Assez quand même pour que tu te bagarres avec lui, n'est-ce pas ? répliqua habilement le policier.

Georges devint tout rouge.

– Pourquoi vous êtes-vous battus ? demanda Pluto à Georges.

– Il embêtait Sophie. Je n'aime pas parler de ça.

Le gendarme soupira et, en se levant, leur recommanda poliment de le prévenir s'ils avaient connaissance de quoi que ce soit concernant Bruno. Puis il s'éloigna dans sa petite voiture bleue.

s'empresser : se dépêcher

2

Un peu plus tard Sophie et Georges discutaient au premier étage pendant que Ricky avalait une énorme tartine de confiture dans la cuisine. Son visage, piqueté de taches de rousseur, était absorbé par une pensée unique : pourquoi Georges refusait-il de parler de Bruno Ségura ?

Après tout, il avait gagné la bagarre. Pourquoi donc avoir honte ? À moins que Georges ne sache où se cachait Bruno et ne veuille pas le dire… Ricky oublia bien vite l'incident car l'heure de son feuilleton télévisé était enfin là. Il s'installa confortablement sur une banquette moelleuse et se concentra sur l'écran coloré, brusquement envahi par des extra-terrestres.

piqueté : parsemé

un incident : un évènement sans importance

une banquette : un canapé

Après le dîner, Georges et Sophie restèrent discuter dans la salle à manger alors que Ricky montait dans sa chambre pour dévorer les dernières aventures de Spidey.

Sur le coup de onze heures, ne pouvant trouver le sommeil, le garçonnet s'accouda à sa fenêtre.
Dans la pinède qui lui faisait face, les grillons s'étaient tus. On percevait au loin la rumeur étouffée d'une fête organisée dans un mas voisin.
Puis la porte de la grange des Miller grinça. La lune était haute et sa clarté enveloppa la silhouette qui sortait du bâtiment : Georges.

une pinède : un bois de pins

la rumeur étouffée : le bruit lointain

un mas : une ferme ou une grande maison en Provence

Celui-ci referma la porte derrière lui et examina ses mains : un liquide rouge lui poissait les doigts. Il sortit son mouchoir et commença à s'essuyer en gagnant la cuisine. Les verrous cliquetèrent et le silence prit possession du décor.

poisser : rendre collant et gluant

Ricky restait pétrifié à sa fenêtre. Une phrase prononcée par Georges à l'intention de Bruno Ségura lui revenait à l'esprit : « Si tu touches encore une fois à Sophie, je te tue. »

Malgré la chaleur étouffante, le garçonnet frissonna. Il revit les doigts rouges de Georges. Un rouge foncé qui ressemblait fort à du sang.

rester pétrifié : être incapable de bouger sous l'effet de la peur

3

Le lendemain matin, Ricky garda pour lui ce qu'il avait surpris au cours de la nuit. Georges et Sophie paraissaient en pleine forme et riaient comme des andouilles pour un oui ou pour un non. Alors que Ricky avalait un plein bol de cacao, ils le hélèrent gaiement :

– Nous partons faire des commissions en ville. Tu nous accompagnes ?

– Non, je ne suis pas bien réveillé.

– N'oublie pas de faire ta toilette, recommanda Sophie en fronçant les sourcils.

Et les jeunes gens se hâtèrent en direction de la voiture de Georges, une vieille 2 CV décapotable. Dès que la guimbarde eut disparu aux yeux de Ricky, le garçonnet se hâta d'enfiler des espadrilles et un short puis il progressa à petits pas vers la porte de la grange.

Et stoppa net. Il n'osait plus avancer, effrayé par avance à l'idée de ce qu'il pourrait trouver derrière la porte. Mais, serrant les dents, il fit une dernière enjambée pour presser la poignée. La porte résistait.

une andouille : un idiot *(langage familier)*

héler : appeler

une guimbarde : une vieille voiture

– Ma parole, elle est fermée à clé ! s'étonna Ricky.
De toute sa vie – et elle était déjà longue, pensez donc ! – personne n'avait jamais fermé cette porte de grange. Ricky colla son œil au trou de serrure mais l'obscurité était complète à l'intérieur du bâtiment. De minute en minute, l'inquiétude fit son chemin dans le cœur de Ricky.
Quand Georges et Sophie revinrent du Lavandou, ils retrouvèrent un garçon maussade et peu bavard.

maussade : de mauvaise humeur

Georges commença à préparer le déjeuner sur la grande table de la salle sans s'apercevoir que Ricky ne le quittait plus des yeux.
– La vie est pleine de menteurs... commença l'enfant.
– Qu'est-ce que tu racontes ? s'étonna sa sœur.
Sans un mot, Ricky quitta la pièce et courut se jeter sur son lit. Maintenant, il avait peur de connaître la vérité.

4

Ricky s'éveilla brutalement. Il ouvrit les yeux, sortant avec peine d'un horrible cauchemar rempli de serpents à têtes de chien. Il consulta sa montre : sa sieste n'avait duré qu'une heure.

Puis il entendit le ronflement d'un moteur en contrebas et comprit que le bruit l'avait réveillé. Il se pencha sur le rebord de la fenêtre pour repérer l'engin bruyant. Sophie, qui lisait sur une chaise longue, leva la tête vers lui :

– Déjà réveillé ?

– C'est quoi ce bruit, Sophie ?

La jeune fille mit sa main devant ses yeux pour se protéger du soleil et expliqua :

– Georges coupe du bois à la tronçonneuse dans la grange.

Du bois ?

Couper du bois en septembre était une idée originale. Ricky décida d'en avoir le cœur net. Il enfila son short, passa ses sandales et, mine de rien, descendit rejoindre sa sœur. Mais Sophie s'était

en contrebas : en dessous de l'endroit où l'on se trouve

mine de rien : sans en avoir l'air

envolée, la grange était close et Georges se tenait près de la 2 CV, un grand sourire aux lèvres.

– Prends ton masque, Ricky, on va se baigner sur les rochers de Cavalaire.

Cavalaire : village voisin du Lavandou

– Tu as déjà fini de couper ton bois ?

– Eh oui, je suis un rapide. Allez, dépêche-toi !

Leur crique préférée vibrait sous un beau soleil et l'eau, profonde à cet endroit, en devenait transparente. On apercevait à l'œil nu des massifs de fleurs sous-marines que Ricky adorait contempler.

une crique : une petite avancée de la mer dans une côte rocheuse

L'enfant, toujours inquiet, parvint quand même à s'amuser et une partie de ballon endiablée mit un terme à cet après-midi de baignade.

endiablé : au rythme vif

Pendant le repas du soir, Georges et Sophie paraissant d'excellente humeur, Ricky se risqua à poser à son frère des questions qui lui démangeaient la langue :

– Alors, comme ça, tu n'as pas revu Bruno ces jours-ci ?

– Nous sommes fâchés, tu le sais bien. Si je l'avais vu, je l'aurais dit à Pluto.

– Pourquoi la grange est-elle fermée à clé ?

Georges parut fort embêté pour répondre mais Sophie vola à son secours :

voler au secours : venir en aide

– C'est pour faire parler les curieux !

Ricky n'était qu'un petit de huit ans et on le lui faisait sentir. Il garda ses dernières questions pour lui et se laissa entraîner dans une partie de Monopoly.

5

cafardeux : triste et déprimant

arc-bouté : prendre appui sur ses pieds pour tirer un objet

un fardeau : un paquet très lourd

C'est le grincement cafardeux d'une porte qui, à minuit, le réveilla. Il se dressa sur son lit, le front trempé de sueur.

Ricky détermina de suite l'origine de ce bruit très spécial : on tirait à nouveau la porte de la grange.

Il avança jusqu'à la fenêtre et entrouvrit les volets. La lanterne située au-dessus du portail d'entrée était allumée et répandait son faisceau sur la courette et une partie du jardin. Ce que vit Ricky le terrifia : Georges et Sophie, arc-boutés à chaque extrémité d'un grand sac en plastique noir, tiraient ce lourd fardeau aux formes indistinctes en direction de la cuisine.

Alors Ricky passa en revue tous les événements des deux derniers jours : la disparition de Bruno Ségura, la gêne de Georges, le sang sur les mains de son frère, la grange bouclée, le sac en plastique.
Puis, subitement, il se souvint aussi de la tronçonneuse. Les images épouvantables d'un film interdit aux moins de treize ans s'imposèrent à son esprit. *Massacre à la tronçonneuse* mettait en scène un assassin qui découpait les gens en morceaux.
Et l'horrible vérité lui donna le vertige : Bruno Ségura gisait en morceaux dans le sac de plastique et c'est Georges qui l'avait tué. Le garçon veilla toute la nuit car il n'était plus question, pour lui, de dormir.

bouclé : fermé à clé

mettre en scène : montrer le spectacle

Au petit matin, sa décision fut prise : il téléphonerait à son père d'une cabine du Lavandou et lui demanderait conseil. Georges n'était plus le grand frère bienveillant qu'il croyait et c'est surtout cette pensée qui faisait mal à Ricky. Il décida de fermer sa chambre à clé et de n'en sortir que pour descendre téléphoner en ville.

bienveillant : gentil et protecteur

Aux alentours de neuf heures du matin, la voix de Sophie traversa la cloison séparant la chambre de Ricky du couloir :

– Ricky, tu viens déjeuner ?

N'obtenant pas de réponse, la jeune fille insista :

– Il y a une surprise pour toi si tu descends…

Des surprises comme celle-là, il s'en passait volontiers, Ricky. Les filles disent vraiment n'importe quoi.

– Tu sais quel jour nous sommes ? reprit Sophie.

La voix chevrotante du garçonnet se fit enfin entendre :

chevrotant : tremblant

– Heu… le… le 7 septembre.

– Et le 7 septembre, c'est ?

– Je sais pas… ah si : mon anniversaire.

Alors Georges et Sophie entonnèrent derrière la porte le célèbre *Happy birthday to you*.
Timidement, le gamin déverrouilla sa porte et, l'œil noir, rejoignit son frère et sa sœur. Les deux aînés chantaient toujours en descendant l'escalier.

6

trôner : être bien en vue

Un beau gâteau trônait sur la table de la salle à manger. Neuf bougies étaient plantées dans la délicieuse pâtisserie et, contre une chaise, le grand sac en plastique reposait.

des yeux exorbités : des yeux grands ouverts comme s'ils allaient sortir de leurs orbites

Ricky, les yeux exorbités, ne pouvait détacher son regard de la forme habillée de noir. La voix lui manquait, il ne savait plus quoi dire ni faire.
– Eh bien, proposa Georges, tu n'ouvres pas le sac ?
– Il y a peut-être un cadeau dedans, suggéra Sophie.

statufié : paralysé, immobile comme une statue

Mais l'enfant faisait non avec la tête, muet et statufié au pied de l'escalier.
– Bon, alors je l'ouvre pour toi, proposa son grand frère.

Et d'un coup de canif, il déchira l'enveloppe qui s'affaissa en boule par terre. Un vélo d'occasion remis entièrement à neuf brillait de tous ses feux sous les yeux ébahis de Ricky.
– C'est Georges qui l'a entièrement repeint en rouge, précisa Sophie.
– Je le cachais dans la grange, c'est pour ça qu'elle était fermée à clé, gros malin !
Il en aurait pleuré, Ricky. Pas tellement pour ce cadeau mais de savoir que son frère et sa sœur étaient bien toujours les mêmes : des copains formidables, les meilleurs qu'il aurait jamais. Puis il fronça les sourcils car un détail l'embêtait encore.
– Mais la tronçonneuse ? Pourquoi tu coupes du bois en été ? questionna l'enfant en regardant son frère avec sévérité.
– Papa et maman viennent passer une semaine ici en novembre, et ils auront besoin de bois d'avance pour se chauffer.
Ricky se précipita au cou de Georges. Ce type-là était génial ; il n'assassinerait jamais personne et c'était son frère à lui, Ricky.

un canif : un petit couteau dont la lame se replie

ébahi : étonné fortement, surpris

7

faire honneur : manger de bon appétit

Alors qu'ils faisaient honneur au gâteau en riant comme des fous, on frappa trois coups à la porte.

Sophie se leva pour ouvrir et introduisit Pluto dans la grande pièce.

Je suis passé vous prévenir au sujet de Bruno Ségura... commença le gendarme.

– Vous l'avez retrouvé ? s'enquit Georges.

– Malheureusement oui. Il avait volé une moto pour rejoindre des amis en Italie. Il s'est tué contre un arbre, la nuit dernière, sur une route de campagne.

Tous les Miller baissèrent la tête.

Ils avaient maintenant un peu honte de leur joie et, quand le gendarme fut parti, le beau gâteau d'anniversaire leur parut beaucoup plus fade qu'en début de matinée.

fade : qui a perdu son goût

Jean-Louis Fonteneau

LES ENQUÊTES DE L'INSPECTEUR BAYARD

Sale temps pour l'inspecteur

Illustré par Olivier Schwartz

I

LE CHEVALIER FOU

IL FAUT ÊTRE COMPLÈTEMENT ZINZIN POUR S'EN PRENDRE À CE BRAVE SAM RAFLETTE, CAR TOUJOURS ET PARTOUT L'INSPECTEUR BAYARD PROTÈGE SES AMIS.

zinzin :
un peu fou *(langage familier)*

* Il s'agit de Mirabelle Mirette. Voir "La nuit du Yorg" et "Zyklopolis".

une enquiquineuse :
une personne embêtante *(langage familier)*

une chochotte :
une personne qui se plaint tout le temps *(langage familier)*

avoir la trouille :
avoir peur *(langage familier)*

Le Mont-Saint-Michel :
îlot rocheux situé en Normandie

des sables mouvants :
des sables humides dans lesquels on s'enfonce

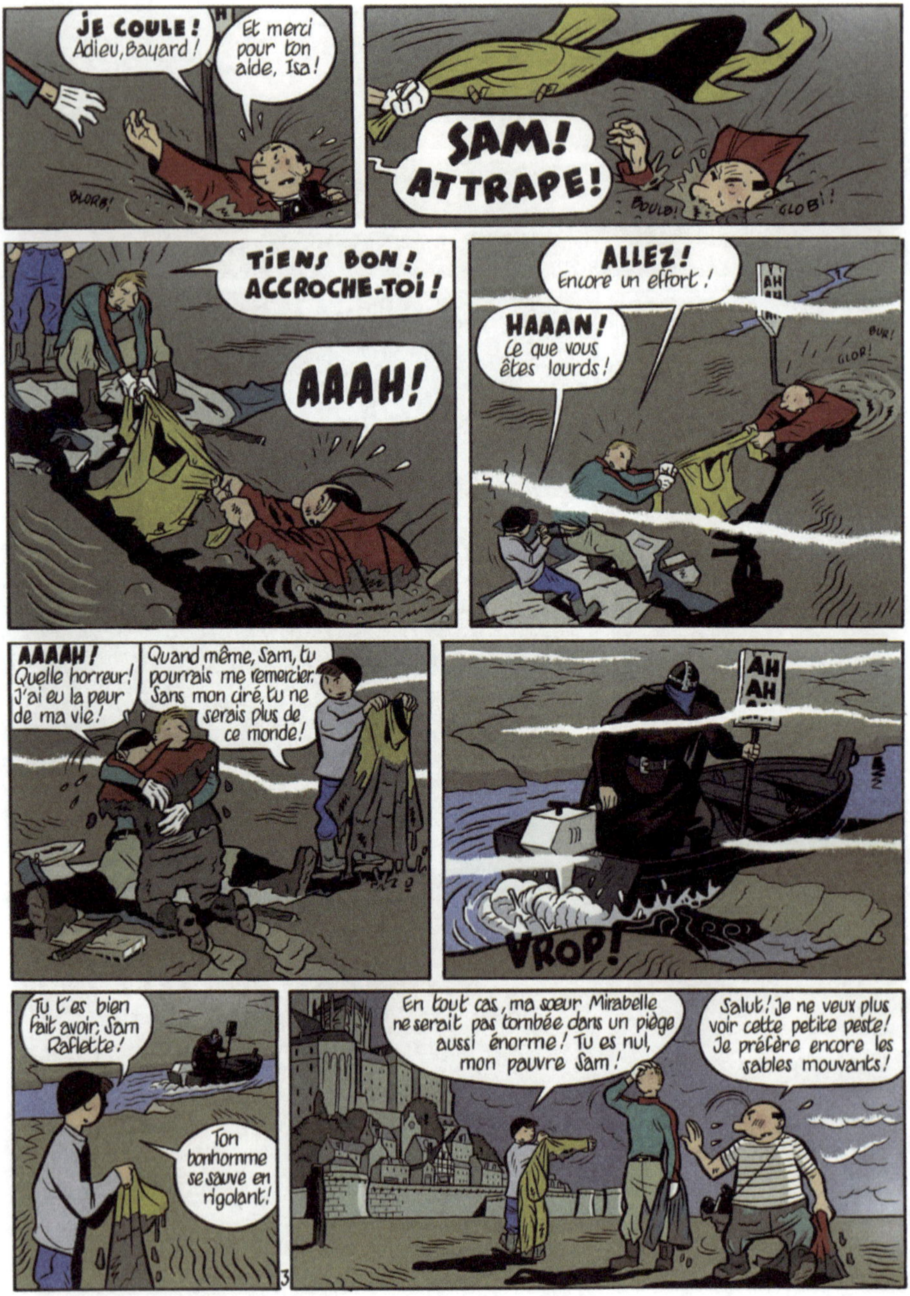
JE COULE ! Adieu, Bayard !
Et merci pour ton aide, Isa !
BLORB!
SAM! ATTRAPE!
BOULB!
GLOBI!
TIENS BON ! ACCROCHE-TOI !
AAAH!
ALLEZ ! Encore un effort !
HAAAN ! Ce que vous êtes lourds !
AH AH
BUR!
GLOR!
AAAAH ! Quelle horreur ! J'ai eu la peur de ma vie !
Quand même, Sam, tu pourrais me remercier. Sans mon ciré, tu ne serais plus de ce monde !
AH AH
VROP!
Tu t'es bien fait avoir, Sam Raflette !
Ton bonhomme se sauve en rigolant !
En tout cas, ma sœur Mirabelle ne serait pas tombée dans un piège aussi énorme ! Tu es nul, mon pauvre Sam !
Salut ! Je ne veux plus voir cette petite peste ! Je préfère encore les sables mouvants !

UNE BONNE HEURE ET UNE BONNE DOUCHE PLUS TARD...
Voilà. Le fou qui nous a échappé veut faire sauter la route pour que le Mont-Saint-Michel redevienne une île, comme autrefois.
L'idée n'est pas mauvaise mais la méthode est un peu brutale.
Plutôt, oui ! Il veut frapper sans prévenir ! Tant pis s'il tue des gens !
Ce type est un malade !... Mais ?...
TAP! TAP!
Vous êtes encore là, monsieur le fouineur ? Le bain de boue vous a plu ?...
AH ! AH ! Je vais vous hacher menu, bande d'espions !
HAN !
AÏE !
Joli coup !
Bien joué, Bayard !
SUS À L'ENNEMI !
MONTJOIE ! SAINT-DENIS !
VITE ! RATTRAPONS-LE !

démasquer :
découvrir, identifier

2

COULEZ LE NAUTILUS

QUAND, DEPUIS DEUX SEMAINES, IL PLEUT SUR LAGADOU-BLEUZEC, ON VISITE LE NAUTILUS. MAIS L'ON N'EST PAS À L'ABRI DE MAUVAISES SURPRISES.

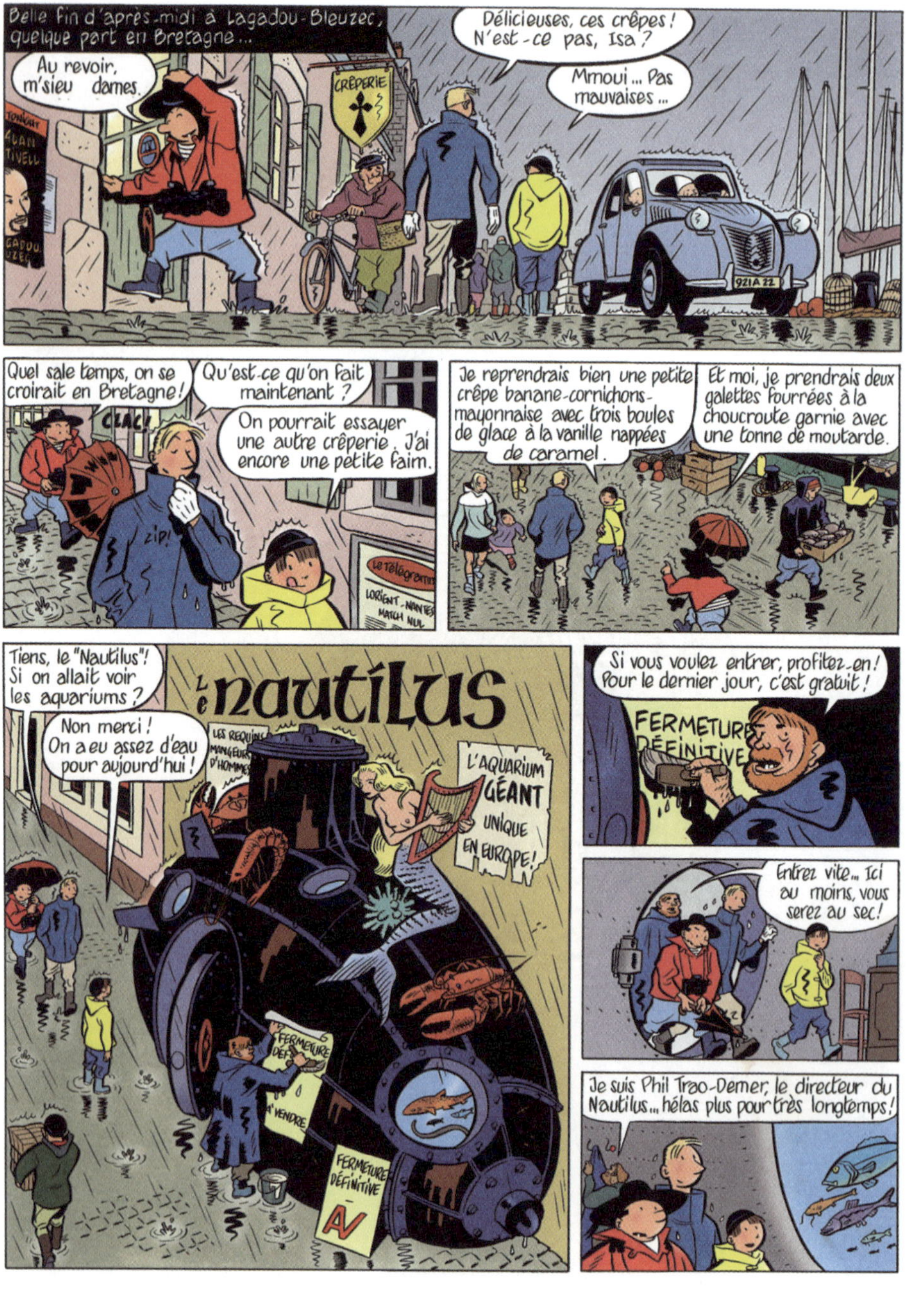
Belle fin d'après-midi à Lagadou-Bleuzec, quelque part en Bretagne...
Au revoir, m'sieu dames.
Délicieuses, ces crêpes ! N'est-ce pas, Isa ?
Mmoui... Pas mauvaises...
CRÊPERIE
Quel sale temps, on se croirait en Bretagne !
CLAC !
Qu'est-ce qu'on fait maintenant ?
On pourrait essayer une autre crêperie. J'ai encore une petite faim.
ZIP !
Le Télégramme
LORIENT - NANTES MATCH NUL
Je reprendrais bien une petite crêpe banane-cornichons-mayonnaise avec trois boules de glace à la vanille nappées de caramel.
Et moi, je prendrais deux galettes fourrées à la choucroute garnie avec une tonne de moutarde.
Tiens, le "Nautilus" ! Si on allait voir les aquariums ?
Non merci ! On a eu assez d'eau pour aujourd'hui !
Le Nautilus
LES REQUINS MANGEURS D'HOMMES
L'AQUARIUM GÉANT UNIQUE EN EUROPE !
FERMETURE DÉFINITIVE
À VENDRE
Si vous voulez entrer, profitez-en ! Pour le dernier jour, c'est gratuit !
Entrez vite... Ici au moins, vous serez au sec !
Je suis Phil Trao-Demer, le directeur du Nautilus... hélas plus pour très longtemps !

un court-circuit :
une coupure de courant

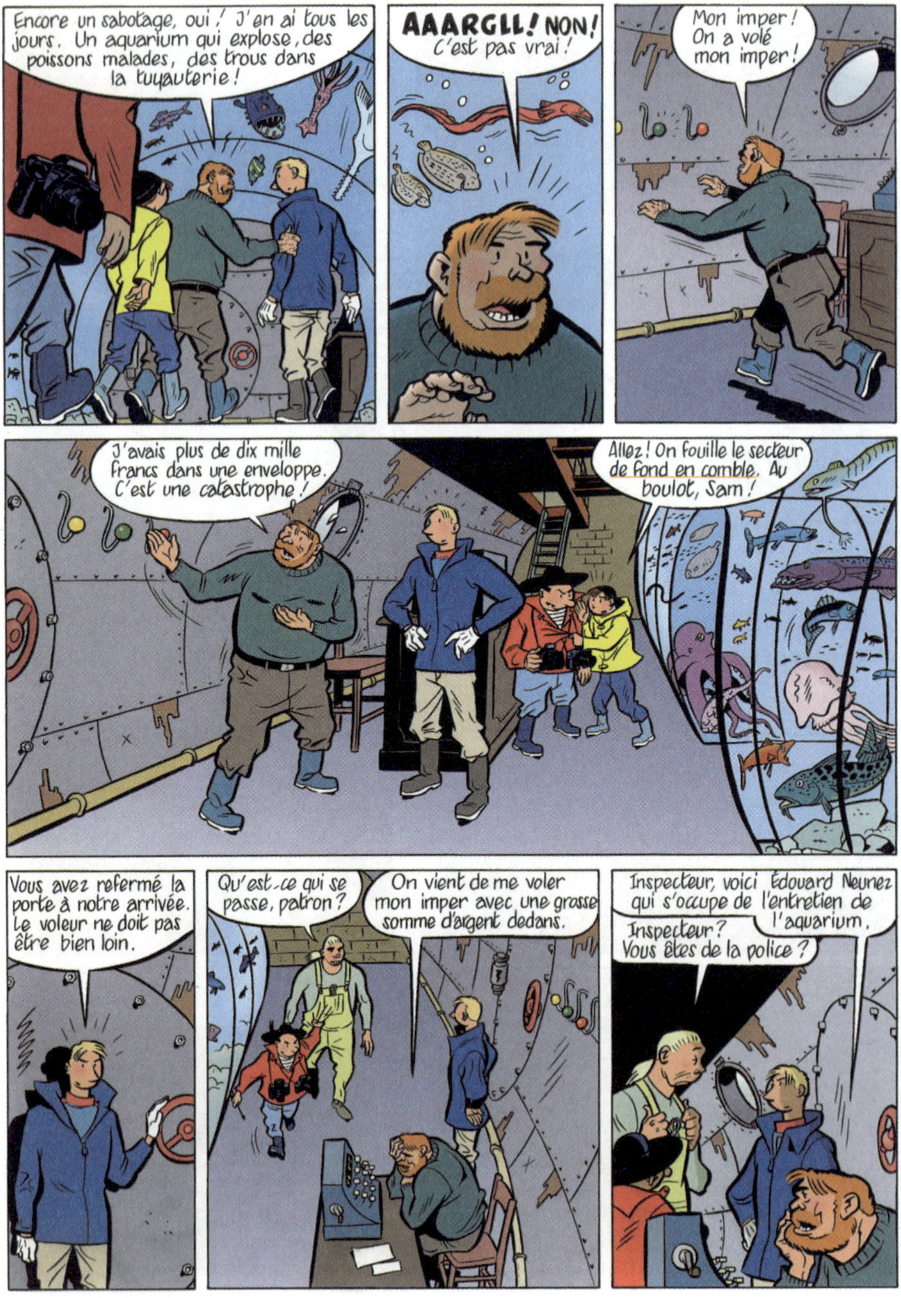

de fond en comble :
complètement

du fric :
de l'argent *(langage familier)*

commettre un impair :
faire une erreur

3

FEU SUR LA LANDE

AVIS AUX MALFAITEURS ! INCENDIER LE CAMPEMENT DE L'INSPECTEUR BAYARD N'EST PAS LA BONNE MÉTHODE POUR SE DÉBARRASSER DE LUI !

un malfaiteur :
une personne qui commet des actes punit par la loi

Belle-Île-en-Mer :
île située au sud de la Bretagne

indélicat :
malhonnête

un danger public :
une personne dangereuse pour les autres

* Un fil d'Ariane est une corde que les plongeurs déroulent lorsqu'ils s'aventurent dans des endroits dangereux, pour éviter de se perdre.

un repaire :
une cachette
un pilleur :
un voleur

filer :
se sauver rapidement
une buvette :
un petit comptoir où l'on sert des boissons

Alors, Charlie ! Tu te baignes tout habillé maintenant ? AH ! AH !
M'en parle pas ! J'ai glissé sur les rochers ! J'ai failli me rompre le cou ! En plus, je n'ai rien pris !
SNUT
Tu parles, Charles ! Tu ne pêches jamais rien !
Et vous n'auriez pas perdu un bonnet dans l'eau ? Un bonnet bleu à rayures ...
Et toi, chasseur d'opérette ! Tu rentres toujours bredouille !
Je n'aime pas faire du mal aux petites bêtes !
Dis, Robert, t'as retrouvé mon briquet ?
Mais, je te l'ai rendu, ton briquet !
Tiens, voici la gazelle de Plouballec !
HUILE
Alors, la Nicole ! Tu as eu chaud, on dirait !
OUF ! ... Deux heures que je cours ... J'ai bien fait quinze kilomètres ! Je meurs de soif !
Inspecteur, qu'est-ce que je vous sers ?
Ils sont bizarres, ces gens ... Le pêcheur a eu l'air gêné quand je lui ai parlé du bonnet tombé à l'eau !
Le chasseur a perdu un briquet. Il pourrait bien être l'incendiaire. Et cette fille, je suis sûr qu'elle n'a pas couru autant qu'elle le dit ...
J'ai trois suspects mais pas de preuves !
BALANG
VROO
Ça y est, je tiens mon coupable ... Mais mon petit doigt me dit que je vais passer un mauvais quart d'heure !
5. Sais-tu qui est l'incendiaire ? Pourquoi Bayard se sent-il en danger ? Vérifie tes réponses à la page 74 !
RRRZZZ !

SOLUTIONS
Je me demande comment on a pu résoudre ces énigmes !
Allez, regarde les solutions !

LE CHEVALIER FOU

SOLUTION DE LA PAGE 58

COULEZ LE NAUTILUS

SOLUTION DE LA PAGE 64

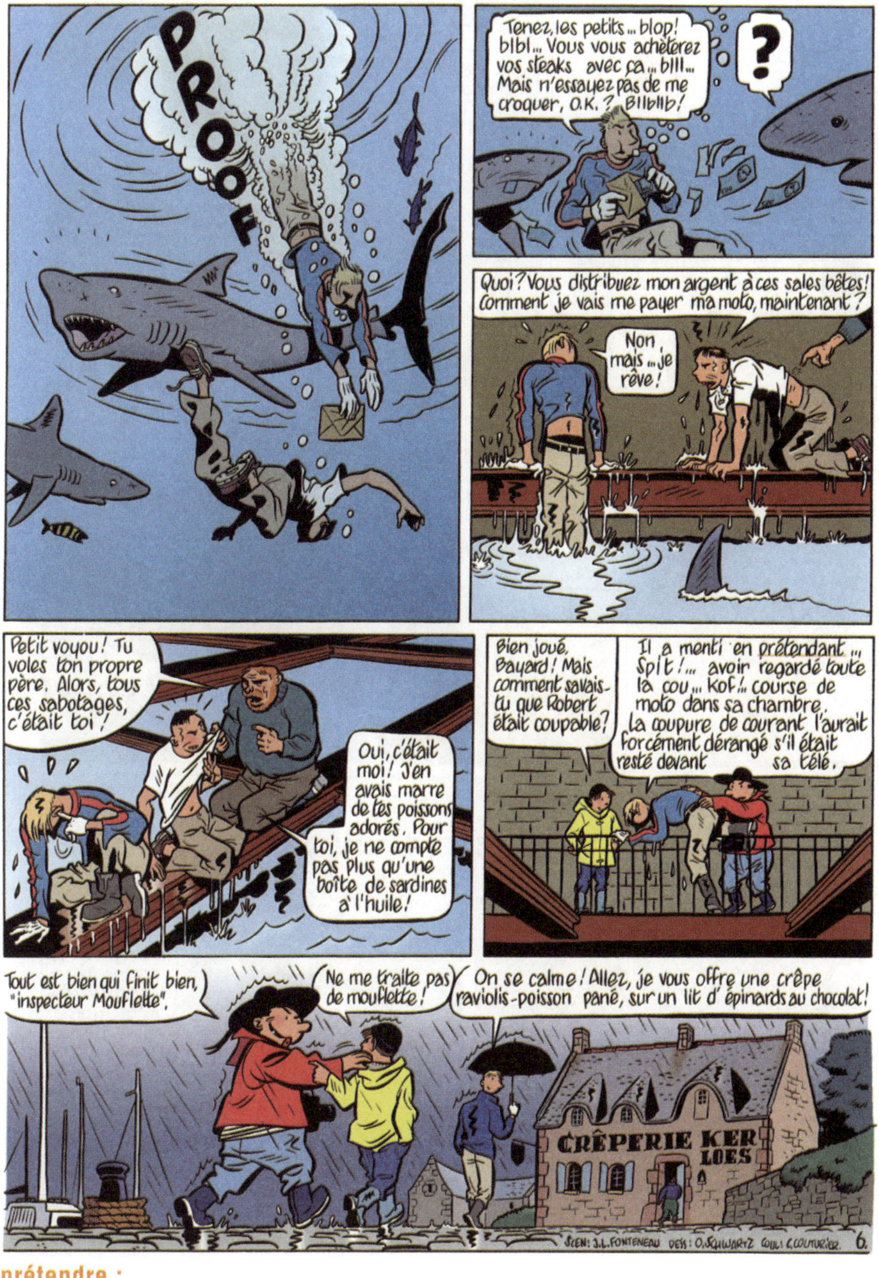

prétendre :
essayer de faire croire

FEU SUR LA LANDE

SOLUTION DE LA PAGE 70

* Voir l'album "Les Dragons du Diable", Bayard Éditions / Astrapi.

ôter : enlever

Paul Thiès

Le secret de Cyprien

Illustré par Marie-Hélène Tran-Duc

Chapitre 1

Mystère au mas

Le père de Cyprien Méjean avait un drôle de métier. Les pères des autres garçons, et ceux des filles, à l'école, étaient plombiers, policiers ou professeurs. Ils étaient bouchers, banquiers ou boulangers. Ils travaillaient dans des bureaux ou dans des boutiques. Ils fabriquaient des parasols ou des parapluies, des porte-manteaux ou des porte-plumes, mais le père de Cyprien, lui…

Le père de Cyprien était SPÉCIAL, et son métier aussi. Cyprien n'aimait pas beaucoup en parler parce que les autres garçons de l'école se moquaient de lui quand ils apprenaient que son père était… était…

un mas : une ferme ou une grande maison en Provence

Chut ! Silence ! Secret défense ! Interdit d'en parler...
Bref, le métier de son père était un gros souci pour Cyprien. Il avait des ennuis à cause de lui. Le garçon se bagarrait avec ses copains à cause de ça... et l'instituteur le grondait...
Cyprien ne se doutait guère qu'un jour, il se ferait KIDNAPPER à cause de son père, ou plutôt à cause du MÉTIER de son père...

kidnapper : enlever

Cyprien Méjean et sa famille habitaient une belle maison de pierre, en Provence, un très vieux mas entouré par des centaines d'oliviers. Il y avait aussi des pruniers et des figuiers, des platanes et des cyprès et, surtout, un puits qui donnait beaucoup d'eau et qui empêchait les arbres de mourir de soif. C'était très important car dans ce pays, il n'y avait presque pas d'eau. Ni ruisseaux, ni rivières... Les sources étaient très dures à trouver. Et justement, justement, le papa de Cyprien...
Mais chut ! Secret défense ! Secret atomique ! Secret international ! Pas question d'en parler !

Ce jour-là, pour une fois, Cyprien quitta l'école sans se battre avec personne. Il se sentait de très bonne humeur ! L'autobus de l'école le laissa au bas du chemin qui menait à sa maison. Le petit garçon courut jusque chez lui en criant :

– Moustache ! Moustache ! Je suis là !

Moustache, c'était le chien de Cyprien, un setter irlandais avec de longues oreilles et un magnifique poil roux. Moustache avait un odorat extraordinaire. Il pouvait renifler un lapin à dix kilomètres ou une souris au fond des bois.

l'odorat : le sens qui permet de reconnaître les odeurs

– Moustache ! Moustache ! répéta Cyprien. Où es-tu ? Tu ne m'entends pas ?

Cyprien s'arrêta au milieu du chemin. Il fronça les sourcils, intrigué. Pas de Moustache… C'était très étonnant car d'habitude, le chien courait vers Cyprien dès qu'il arrivait.

intrigué : étonné et curieux

– Moustache ! Ah, tout de même ! Mais qu'est-ce qui t'arrive ? demanda Cyprien de plus en plus étonné.

Le chien s'approcha enfin de son maître, mais, au lieu de sauter de joie autour de lui, comme tous les jours, il se traînait sur ses pattes d'un air malheureux. Il se frotta contre Cyprien et le regarda tristement, l'air de dire : « Ah ! Tu es enfin là ! Si tu savais ce que j'ai vu... Si tu savais ce qui m'est arrivé... »

Cyprien se pencha un peu pour le caresser et, à cet instant, il remarqua quelque chose de bizarre. Le bout de la queue de Moustache était d'une drôle de couleur, une couleur roussâtre qu'on ne pouvait pas remarquer de loin, puisque le setter était roux.

Cependant... pas de doute ! Quelque chose ou quelqu'un avait BRÛLÉ la queue du chien...

– Moustache ! s'inquiéta Cyprien. Ça ne va pas ? Tu as mal ? Que t'est-il arrivé ?

Le chien poussa un drôle de petit aboiement, l'air de dire :

« Oh là là, Cyprien... Si tu savais... Si je pouvais t'expliquer QUI m'a fait ça ! C'est incroyable ! Impossible ! Impensable ! Et pourtant, c'est VRAI ! »

Cyprien se posait beaucoup de questions mais comme il ne pouvait rien faire, il se dirigea vers la maison. Et là, des tas d'autres questions l'attendaient.

– Cyprien ! cria sa mère par la fenêtre. Est-ce que c'est toi qui as pris mon beau parapluie à manche de bois ? Je le cherche depuis une heure !
– Cyprien ! rugit son père en remontant des champs d'oliviers ! Veux-tu me dire où est ma pioche, celle que j'utilise pour arracher des mauvaises herbes ?
– Cyprien ! s'écria Amélie, sa grande sœur en traversant la terrasse. Espèce d'affreux ver de terre ! C'est toi qui as pris ma raquette de tennis extra-performante avec son cadre en bois des îles ? Je devais faire une partie avec mes amies !

rugir : hurler

surgir : sortir à toute vitesse

une batte : un bâton utilisé au base-ball pour frapper la balle

faucher : voler *(langage familier)*

protester : affirmer avec force que l'on n'a pas fait ce dont on est accusé

vociférer : crier pour exprimer sa colère

– Cyprien ! gronda Hector, son grand frère en surgissant du garage. Tu n'es qu'un sagouin, un coquin, un vil babouin ! Où est ma batte de base-ball ? Je suis sûr que tu me l'as fauchée !
– Mais… mais… mais…, protesta le garçon. Je ne sais pas moi ! Je ne comprends rien à vos histoires !
Pauvre Cyprien ! Sa mère, son père, sa grande sœur et son grand frère tournaient autour de lui en vociférant :
– Mon parapluie ! Ma pioche ! Ma raquette de tennis ! Ma batte de base-ball !

Il faut dire que Cyprien était assez farceur. C'était un très bon élève, il était même le premier de sa classe en maths et en physique, mais il était aussi un petit peu dissipé. Il cachait souvent les affaires de ses camarades pour les faire enrager… Mais aujourd'hui, il était parfaitement innocent. Il n'avait rien pris à personne !

comme un beau diable :
avec énergie

Le pauvre Cyprien se défendit comme un beau diable. Enfin, toute la famille finit par le laisser tranquille. Le garçon, suivi par Moustache, qui semblait toujours aussi bizarre, monta dans sa chambre.

Une fois seul, Cyprien s'assit sur son lit, posa son menton entre ses mains et se mit à réfléchir. Il parlait à voix haute, pour partager ses soucis avec Moustache :

– Tu y comprends quelque chose, toi ?

– Ouah ! Ouah ! répondit Moustache, ce qui en réalité signifiait « Oui ! Oui ! »

Mais ça, Cyprien ne pouvait pas le deviner...

– Qui a donc volé toutes ces choses ? soupira encore le garçon. C'est un drôle de mystère. Papa et maman sont sûrs que personne ne s'est approché de la maison…

– Oûû… oûû…, gémit Moustache en regardant d'un air bizarre vers la fenêtre, et vers le ciel bleu.

Mais ça non plus, Cyprien ne pouvait pas le comprendre…

Au moment de se coucher, Cyprien réfléchissait toujours…

Chapitre 2

Étranges indices

un indice : un signe qui indique l'existence de quelque chose

Cyprien était plutôt grand pour son âge. Il avait de larges oreilles en feuille de chou, des cheveux blonds, des yeux bleus et des taches de rousseur sur tout le visage. Il était plein de qualités : l'esprit vif, du courage, le goût de l'aventure. Il aidait volontiers les autres enfants (quand il ne se bagarrait pas avec eux à cause de l'étrange métier de son père) et il leur prêtait volontiers son cahier de problèmes. Le jeune garçon aimait les chiffres, le calcul et la logique.

– Un jour, expliquait-il souvent à Moustache, quand ils se promenaient tous les deux dans les collines, derrière le vieux mas, un jour, je serai astronome. Oui ! C'est décidé ! Je saurais TOUT de l'espace !

– Ouah ! Ouah ! répondait le chien, ce qui signifiait sans doute :

– Peuh… Ça m'est égal, tout ça. Tu ferais mieux de t'occuper des lièvres et des lapins, des côtelettes et des os à moelle. ÇA, c'est intéressant.

– Et en plus, continuait gaiement Cyprien en tirant gentiment les longues oreilles de son chien, en plus, je fabriquerai des satellites et des fusées ! J'étudierais les étoiles et les constellations, et peut-être, peut-être qu'à ce moment-là, on commencera ENFIN à explorer Mars, Vénus, Jupiter et toutes les autres planètes.

une constellation : un groupe d'étoiles

Il faut dire que Cyprien s'ennuyait un peu chez lui. Amélie et Hector étaient trop grands pour lui, ses parents trop occupés et la vieille maison pas assez moderne. Le mas des Méjean datait de plus de cinq cents ans ! La famille l'habitait depuis toujours et Cyprien avait l'impression que les vieux murs, les vieux meubles, le lierre vénérable qui recouvrait la façade, les vieux platanes de la terrasse et les vieux oliviers qui remplissaient les champs l'obligeaient à vivre au Moyen Âge. Il aurait voulu partir loin très loin, le plus loin possible !

vénérable : que l'on respecte à cause de son grand âge

Pauvre Cyprien. S'il avait su…

Bref, le lendemain matin, Cyprien décida de jouer au détective. C'était dimanche et il avait tout son temps.
Il devait absolument retrouver la raquette de tennis et le parapluie, la batte de base-ball et la pioche, pour que sa famille le laisse tranquille.
– En route ! ordonna-t-il à Moustache qui cabriolait gaiement autour de lui. On va voir ce qu'on va voir !
Sitôt dit, sitôt fait. Cyprien se leva et avala son petit déjeuner en quatrième vitesse. Il se brossa les dents, se lava le bout du nez et s'équipa en un tournemain : une grosse pomme pour lui (son fruit préféré) et une demi-douzaine de biscuits pour son chien, une gourde remplie d'eau fraîche, la belle canne de buis taillée par son père qu'il avait reçue pour son dernier anniversaire, et en route !
Cyprien n'avait pas besoin d'une grosse loupe pour jouer les Sherlock Holmes : il possédait une vue excellente et Moustache jouissait d'un flair exceptionnel. Le setter irlandais était capable de renifler un poil de chat de l'autre côté de la Terre.

un détective : une personne qui mène une enquête

cabrioler : sauter de tous côtés

en un tournemain : très rapidement

Sherlock Holmes : héros de roman et détective privé qui résoud des mystères grâce à son sens de l'observation

avachi : allongé mollement

avoir le champ libre : avoir la liberté de faire ce que l'on veut

un chapardeur : un voleur de petites choses

Le jeune garçon était tranquille : ses parents rendaient visite à une vieille tante, dans un autre village, à cinquante kilomètres de là, Hector avait filé chez des copains et Amélie, avachie sur le canapé, un casque sur les oreilles, écoutait son groupe préféré.

Bref, le garçon avait le champ libre. Il enquêta donc pendant une bonne heure autour de la maison, sous les platanes et sous les oliviers.

Il cherchait des traces, évidemment, des traces de voleurs, de chapardeurs, de cambrioleurs. Seulement, il ne remarqua rien d'inhabituel. C'est tout juste s'il découvrit, avec l'aide de Moustache :

– un vieux chapeau tout cabossé qui datait sûrement de Louis XIV, ou même de Louis XIII ;

– une vieille, vieille chaussure complètement démolie qui datait au moins de Vercingétorix ;

– un clou rouillé ;

– une vis encore plus rouillée ;

– un écrou PAS ROUILLÉ du tout ;

Ça, c'était plutôt CURIEUX, mais

Cyprien ne le comprit pas immédiatement. Il mit machinalement l'écrou dans sa poche, car il pouvait encore servir ;
– un poil de caniche (noir), ce qui mit Moustache de bonne humeur ;
– un poil de chat (blanc), ce qui plongea le même Moustache dans un terrible état d'excitation ;
– des poils de lapin dans tous les coins. Moustache en frétillait de bonheur !
Et puis, Cyprien ramassa, entre le puits et le hangar à bicyclettes :
– un poil vert !

perplexe : hésitant, embarrassé

Ça, c'était carrément BIZARRE. Cyprien examina la chose en fronçant les sourcils. Il s'agissait d'un long poil vert et lisse qui mesurait approximativement dix centimètres. Il était souple, plutôt brillant, un peu froid.

Le garçon, perplexe, l'enroulait et le déroulait pensivement entre ses doigts. À quel genre de drôle d'animal pouvait appartenir ce poil-là ?

Un perroquet ? se demanda-t-il en se souvenant des histoires de pirates et de trésor qu'il aimait bien. Mais il n'y avait pas de perroquet dans la région, et en plus, les perroquets ont des PLUMES, pas des poils.

Un canard sauvage, par exemple un colvert ? Mais les canards n'ont pas plus de poils que les perroquets.

Le Monstre du Loch Ness ? Le monstre était effectivement tout vert dans ses livres d'images mais primo, le monstre vivait en Écosse, deuzio, il n'avait que des écailles et tertio, il n'existait pas !

Ce poil vert intriguait drôlement Moustache. Il l'effrayait aussi. Le setter renifla la chose à plusieurs reprises, plissant sa truffe d'un air inquiet. Il aboya, gronda sourdement et gémit, l'air de dire :

gémir : pousser de petits cris

– Écoute, Cyprien, il vaudrait mieux rentrer dans la maison et se cacher sous ton lit. Hélas, Cyprien ne l'écoutait pas ! Il marmonnait :

marmonner : parler entre ses dents

– Un poil… Un poil vert… Bon, c'est vrai que c'est étrange, mais quel rapport avec une batte de base-ball ou un parapluie… ou avec une raquette de tennis, sans compter la pioche ! Non, non, je ne suis pas sur la bonne piste.

À ce moment-là, Cyprien tournait le dos au mas de ses parents. Dommage ! Parce que s'il s'était retourné d'un mouvement très vif, ou si Moustache, qui reniflait consciencieusement le sol, avait levé la tête, ils auraient aperçu une belle soucoupe volante toute ronde qui planait en silence au-dessus du vieux toit de tuiles rouges. Elle brillait au soleil, ne bougeait pas, comme suspendue en l'air. Et elle ne faisait pas plus de bruit qu'un demi-moustique dans le désert. Seulement, derrière ses petits hublots ronds, des yeux attentifs examinaient…

un hublot : une petite fenêtre ronde et étanche

Moustache ?
Non !
Cyprien ?
Pas tout à fait…
Ces yeux bizarres s'attachaient à la belle canne de buis que le garçon tenait à la main…

Chapitre 3

Kidnapping interplanétaire

Cyprien tournait en rond autour du vieux puits, son poil vert à la main. Il ne levait toujours pas la tête, ne remarquant pas la soucoupe volante qui se balançait doucement, tout doucement, et dans le plus grand silence, à quelques mètres de lui. Il réfléchissait à cent à l'heure ! Il marmonnait à mi-voix, comme l'aurait fait le vrai Sherlock Holmes. Il ne lui manquait que la pipe et la casquette à carreaux !

– Réfléchissons, réfléchissons bien, mon cher Watson... je veux dire mon cher Moustache. Quel est le point commun entre un parapluie à manche de bois et une pioche, une batte de base-ball et une vieille raquette de tennis ?

– Ouah ?

– Pour commencer, ce ne sont pas des objets spécialement précieux, continuait le détective en herbe. Ils ne sont pas très neufs. Ils sont tous les quatre... hum hum... ils sont allongés, pas trop lourds, et... heu... en bois ! En bois, tous les quatre !

Watson : ami du détective Sherlock Holmes qui l'accompagne dans ses enquêtes

précieux : qui vaut cher

en herbe : débutant

– Ouah ! Ouah !

Il y avait un début d'inquiétude dans les aboiements de Moustache car sa truffe délicate et ses oreilles flottantes commençaient à sentir le début du commencement d'une menace. La soucoupe volante tournait désormais sur elle-même, de plus en plus vite. Elle émettait à présent un léger, très léger vrombissement, comme si un demi-moustique quittait le désert et se rapprochait de Cyprien.

un vrombissement : un son rapide qui vibre

Un moustique entier, encore plus proche…

– Ouah ! Ouah !!

Une grosse mouche…

– Ouah ! Ouah ! Ouah !

Une guêpe en colère, un bourdon furieux, un énorme frelon vrombissant de rage...
– Ouâââââh ! OUAH ! OUAH !!
Cyprien leva enfin la tête. Trop tard ! La soucoupe volante planait juste au-dessus de lui ! Un éclair turquoise jaillit d'un des hublots ouverts et frappa le garçon juste entre les deux yeux. Il poussa un cri étranglé, lâcha sa canne et s'effondra sur le sol, les bras en croix. Moustache bondit de rage et de frayeur, hurlant à la mort en direction de la soucoupe, mais un deuxième rayon le maîtrisa. Le pauvre setter poussa un jappement aigu et s'écroula à son tour, la langue pendante, les babines retroussées.

un jappement : un aboiement

les babines : les lèvres de certains animaux

retroussé : relevé

Un grand silence s'abattit sur le mas et les arbres, le puits et les collines. Les Martiens, car il s'agissait bel et bien de Martiens venus de la Planète Rouge !, étaient les maîtres du champ de bataille !

Lorsque Cyprien reprit lentement connaissance, il avait mal à la tête, mal aux jambes et aux bras ; en fait, il avait mal partout et même ailleurs. Le rayon des Martiens l'avait complètement sonné !

être sonné : être très étourdi sous l'effet d'un choc

ligoté : attaché

Le garçon essaya de remuer ses membres, mais il se rendit compte qu'il était ligoté sur une sorte de couchette. Ses liens ne lui faisaient pas mal, mais ils le maintenaient totalement immobile.

Le garçon regarda pourtant tout autour de lui et se rendit compte qu'il se trouvait dans une pièce comme il n'en avait jamais vu : des murs d'un métal inconnu, d'une couleur pâle, vaguement lumineuse… Le sol, fait du même métal, brillait faiblement.

En réfléchissant, il reconnut le métal du fameux écrou, celui qui n'était pas rouillé du tout. Les Martiens l'avaient sûrement perdu lors d'une précédente visite.

Et c'étaient sûrement eux qui avaient roussi la queue du pauvre Moustache avec un rayon désintégrateur !
Cyprien examinait toujours sa prison. Deux autres couchettes, pas très loin de lui, étaient vides : les Martiens n'avaient kidnappé personne d'autre. Cyprien, clignant des yeux et se tordant le cou dans tous les sens, remarqua aussi des appareils inconnus, des écrans où défilaient toutes sortes de courbes et de lignes. Des boutons multicolores et des manettes d'aspect compliqué s'alignaient autour de ces écrans.
Cyprien frémit de stupeur. Cet endroit ressemblait TELLEMENT à l'intérieur d'une soucoupe volante qu'il n'existait qu'une seule explication possible : il s'agissait VRAIMENT d'une soucoupe venue de l'espace !
« Non ! Ce n'est pas possible ! Je fais un cauchemar ! tenta de se rassurer le garçon. J'ai dû attraper un coup de soleil. C'est ça, c'est un mauvais rêve ! Si au moins je pouvais me pincer… »
Cyprien s'agita encore et gémit :
– Moustache ! Moustache, tu es là ?

désintégrateur : destructeur

cligner : ouvrir et fermer rapidement les paupières

frémir : trembler

indigné : en colère

Mon pauvre petit chien ! J'espère que les Martiens ne t'ont pas désintégré ?
– Désintégré ? répondit une drôle de voix d'un ton indigné. Et puis quoi encore ? Est-ce que tu nous prends pour des sauvages ?
– Heu… qui… qui a parlé ? gémit Cyprien d'une voix tremblante. C'est… c'est une farce ? C'est ça, je suis sûr que c'est une fâââârce…
– Et puis quoi encore ? répéta la drôle de voix. Est-ce que j'ai une tête de farceur ?
Cyprien, qui avait fermé les yeux pour ne pas voir QUI lui parlait, laissa filtrer un regard épouvanté entre ses cils. Il poussa un cri étranglé et referma les yeux de toutes ses forces.
Eh non, celui qui parlait n'avait pas une tête de farceur mais plutôt une tête de… de…
Eh oui ! Il avait bel et bien une tête de Martien !
Cyprien ne s'y connaissait pas très bien en Martiens mais il devina qu'il s'agissait plus ou moins d'un garçon de son âge. Un je-ne-sais-quoi, dans cet étrange visage vert, suggérait la jeunesse, et même l'enfance.

Pour commencer, le Martien n'était pas plus grand que Cyprien. Il était donc tout vert, avec de jolis poils vert clair qui poussaient autour de deux charmantes antennes vert sombre et des habits vert foncé qui ressemblaient vaguement à un survêtement. Ses oreilles étaient plutôt pointues et ses larges yeux en amande brillaient comme deux émeraudes.

en amande :
de forme allongée

Détail rassurant : le Martien n'avait pas de désintégrateur à la main. Détail étrange : il tenait à la main la belle canne de buis de Cyprien. Détail inquiétant : il semblait de fort mauvaise humeur.

– Bon… bon… bonjour… marmonna le pauvre Cyprien d'une voix étranglée.

Franchement, le garçon n'en menait pas large. Il avait l'habitude de se faire gronder par l'instituteur, de se faire taquiner par son frère et sa sœur, mais il n'avait encore JAMAIS été kidnappé par des extraterrestres…

Le jeune Martien agita ses longues oreilles pointues, un peu comme un âne en colère, et il remua son long nez pointu, un peu comme un Pinocchio tout vert. Ensuite il brandit la canne de buis d'un air furieux et il s'exclama d'une voix aiguë :

– Ce n'est pas le bon ! Ce n'est pas le bon ! Où l'as-tu caché ?

– Ca… caché quoi ? bredouilla Cyprien en verdissant de peur.

– Le trésor secret de ton père ! glapit le jeune Martien. Dis-moi où il est caché, sinon je te désintègre !

d'une voix étranglée : pouvant à peine parler

ne pas en mener large : ne pas être rassuré, ne pas faire le fier

taquiner : embêter gentiment

glapir : crier d'une voix aiguë

Chapitre 4

Le secret des Méjean

Cyprien frémit de la tête aux pieds. Il se retrouvait coincé quelque part entre la Terre et la planète Mars, avec un Martien fou qui voulait le désintégrer ! Et en plus, ce Martien-là semblait au courant de son secret, le grand secret de la famille Méjean.

Cyprien ouvrit la bouche pour répondre lorsque trois autres Martiens pénétrèrent dans sa cellule. Seulement, le garçon se rendit tout de suite compte que les arrivants étaient des adultes. Ils étaient plus grands et plus forts que son premier ravisseur, et leurs visages semblaient plus sévères, plus soucieux.

– Bonjour papa ! s'exclama joyeusement le jeune Martien.

Il se tourna vers Cyprien et lui expliqua :

– Je m'appelle Gargu fils de Gorgo et voilà mon père, Gorgo fils de Garag.

pénétrer : entrer

un ravisseur : une personne qui a enlevé quelqu'un

Gargu, puisque tel était son nom, se rengorgea et expliqua :

se rengorger : faire l'important

– Mon papa est un savant très important ! C'est pour ça qu'on l'a chargé de retrouver la baguette de coudrier de ta famille.

un coudrier : l'ancien nom du noisetier

Cyprien écarquilla les yeux. C'était donc ça… les Martiens convoitaient la baguette de son père !

convoiter : avoir très envie de quelque chose

Le garçon ferma les yeux. Il revit le jour où son père lui avait révélé son secret...

C'était l'hiver. Il faisait froid dehors mais un bon feu de bois crépitait dans la cheminée du mas. Cyprien et son père bavardaient ensemble et le garçon avait demandé :

crépiter : produire des bruits secs

– Dis papa, dis-moi ton métier ? Les autres garçons, à l'école, ils ont des papas plombiers, ou pharmaciens, ou postiers, mais toi, tu es quoi ?

Son père avait hésité et déclaré au bout d'un moment :

– Hum… Eh bien, je suis sourcier.

– Sorcier ? avait répété Cyprien en ouvrant des yeux ronds.

– Non, non, SOURCIER, avait répété monsieur Méjean.
– Et c'est quoi, un sourcier ? avait demandé Cyprien.
– Eh bien… Tu sais que dans le pays les sources et les puits sont très rares, avait expliqué monsieur Méjean.
– Oui, bien sûr !
– Bon. Il y a des gens dont le métier est de TROUVER des sources avec de grosses machines. Mais avant, au Moyen Âge, quand les machines n'existaient pas, les gens utilisaient les sourciers pour trouver de l'eau. Il y avait même des FAMILLES de sourciers. Mon père l'était déjà, et mon grand-père avant lui…
– Et comment fait-on pour devenir sourcier ?
– Il faut du talent, il faut bien connaître la région, avait affirmé monsieur Méjean, et puis, il faut une baguette.
– Une baguette ? avait répété Cyprien. Une baguette magique ? Alors tu es vraiment un sorcier ?
– Mais non, une baguette de SOURCIER. Regarde, la voilà. Elle appartenait à

le talent : une qualité particulière qui permet de réussir dans une activité mon grand-père. Un jour elle sera à Amélie, à Hector ou à toi, avait fièrement déclaré monsieur Méjean.

Cyprien avait examiné la fameuse baguette avec une grande attention. Elle était taillée dans un bois très spécial, du bois de coudrier. D'ailleurs, en réalité, il ne s'agissait pas exactement d'une baguette mais d'un morceau de bois fourchu. La baguette ressemblait plutôt à une fronde avec un très long manche. Le sourcier devait la tenir par les deux bouts de la fourche et alors, le « manche » se pointait brusquement vers un point précis, sur le sol. Et c'est là qu'était l'eau, parfois cachée à des dizaines de mètres sous terre.

fourchu : divisé en deux parties

– La baguette n'échoue jamais, avait affirmé monsieur Méjean, si le sourcier qui la manie sait s'y prendre. Un jour, tu y arriveras à ton tour, et je serai fier de toi !

Cyprien l'écoutait en écarquillant les yeux. Toute cette histoire lui paraissait quand même un peu…

Bizarre… étrange… et… MAGIQUE !

échouer : ne pas réussir

manier : se servir

Les ennuis de Cyprien à l'école avaient commencé à cette époque-là. En effet, l'histoire de son père l'avait tellement enthousiasmé que dès le lendemain, il avait raconté à tout le monde :

– Mon papa est un sorcier ! Heu, non, un sourcier mais c'est pareil, il est quand même sorcier, et il a une baguette magique qui n'est pas vraiment une baguette et il peut trouver de l'eau là où il n'y en a pas ! Et un jour je serai sorcier… sourcier, exactement comme lui !

Naturellement, les copains avaient rigolé. Cyprien s'était fâché, il s'était battu avec eux. Par malheur, son instituteur ne croyait ni aux sourciers, ni aux sorciers et il l'avait sévèrement grondé.

enthousiasmé : rempli de joie

Les autres garçons en avaient profité pour lui tirer la langue et se moquer de lui deux fois plus fort !
Mais maintenant qu'il y repensait, le garçon se disait que ses ennuis en classe ne comptaient pas. Des bagarres, des punitions, des moqueries... ce n'était rien à côté d'un KIDNAPPING ! Un kidnapping INTERPLANÉTAIRE, en plus !
Cyprien, toujours ligoté sur sa couchette, regarda craintivement en direction des trois Martiens adultes et il leur demanda timidement :
– Dites... que cherchez-vous, exactement ?
– Le secret de ton père ! gronda celui qui s'appelait Gorgo, le père du jeune Gargu.
– Et plus vite que ça, sinon, on te désintègre ! grogna un autre Martien, celui qui avait la plus sale tête. Ses antennes s'agitaient furieusement et il avait même des griffes au bout des oreilles. Il était terriblement laid !
Cette fois, Cyprien se voyait déjà désintégré ! Il ne reverrait plus jamais

ses parents, ni Moustache, ni personne ! Il semblait tellement terrifié que le jeune Gargu eut pitié de lui. Il lui expliqua d'un ton plus gentil :

– Nous avons de terribles problèmes de pollution, sur Mars. Nous n'avons plus d'eau potable et nous ne savons plus comment en trouver. Heureusement, mon papa, qui est un grand savant, a lu des rapports faits par de vieux Martiens qui avaient visité la Terre il y a de nombreuses années. Certains d'entre eux parlaient d'une famille très spéciale. Cette famille possédait et possède encore un objet magique qui permet de trouver de l'eau n'importe où.

terrifié : avoir très peur

potable : que l'on peut boire

– Ah oui ? murmura Cyprien d'une voix innocente.
– Oui ! assura Gargu. Mon papa a découvert le nom et la maison de ta famille. Il a découvert aussi que l'objet magique est en bois, et plutôt long…
Cyprien poussa un cri de surprise. Cela expliquait tout ! Les Martiens ne savaient pas exactement à quoi ressemblait la baguette de coudrier. Ils avaient donc volé la vieille raquette, le parapluie, la pioche et la batte de base-ball en croyant qu'il s'agissait de la baguette ! Et ils l'avaient capturé à cause de sa belle canne de buis !

Chapitre 5

Poursuite dans l'espace

Les Martiens interrogèrent Cyprien pendant des heures et des heures mais il ne pouvait rien leur dire. En effet, le jeune garçon ignorait où son père cachait la baguette de sourcier.
– Je ne le crois pas, grondait Zarglup, le plus laid et le plus méchant de tous. Il faut le découper en tranches très fines, et ensuite le DÉ-SIN-TÉ-GRER !
Heureusement, le jeune Gargu avait de plus en plus pitié de Cyprien. Il prit son papa Gorgo à part et il chuchota dans son oreille pointue :
– Je crois qu'il ne sait rien. Laissons-le un peu tranquille.
– Hum… Tu as peut-être raison, répondit Gorgo après un instant de réflexion. Il faut qu'il dorme, et nous aussi. Nous l'interrogerons de nouveau demain.
Seulement, le lendemain, la situation changea complètement !

chuchoter : parler à voix basse

Pour commencer, Cyprien ne passa pas une très bonne nuit. Il pensait à la Terre et à sa famille, évidemment. Franchement, il aurait préféré que son papa soit électricien, ou médecin, ou maître nageur, comme tout le monde. Cette fichue baguette de coudrier lui empoisonnait la vie ! Même les Martiens s'en mêlaient. Et puis, après une éternité, la porte s'ouvrit et Gargu apparut. Il semblait bouleversé ! Ses oreilles et ses antennes s'agitaient dans tous les sens et ses poils verts se tordaient au-dessus de sa tête !

empoisonner : causer des soucis

une éternité : une durée très longue

– C'est la catastrophe ! bredouilla-t-il en fonçant vers Cyprien. C'est la fin du monde… enfin, la fin de Mars.

bredouiller : parler de façon incompréhensible

– Que se passe-t-il ? demanda Cyprien alarmé.

– Zarglup est un traître ! C'est affreux ! gémit Gargu.

– Un traître ? répéta Cyprien sans comprendre.

– Oui, reprit Gargu. Il a TRAHI mon papa et tous les autres membres de l'équipage. Il a versé du fritkatchric dans leur gloupinou et ça les a endormis pour plusieurs heures. Impossible de les réveiller !

– Il a versé du quoi dans du quoi ? bredouilla Cyprien qui comprenait de moins en moins.
– Du fritkatchric ! répéta Gargu avec impatience ! C'est le plus puissant somnifère de la galaxie ! Dis donc, on ne t'apprend rien à l'école ?
– Ben… pas ça, avoua Cyprien. Mais toi, pourquoi est-ce que tu ne dors pas ?
– Je déteste le gloupinou, répliqua Gargu. Je trouve que c'est très mauvais ! Je n'en bois jamais ! Mais ça, l'affreux Zarglup ne le savait pas. Il croyait que je dormais, moi aussi. Il s'est enfui dans la navette de secours !
– Tant mieux, rétorqua Cyprien. Bon débarras !
Il se demandait quel goût avait le gloupinou. Est-ce que ça ressemblait au Coca ? Seulement, Gargu semblait de plus en plus agité.
– Mais non, s'écria le petit Martien en se tordant nerveusement les antennes. Tu ne comprends pas ! Je connais Zarglup. Il est très méchant et il adore l'argent et le pouvoir. Tu sais ce qu'il va faire ?

un somnifère : un médicament qui fait dormir

– Non…
– Il va retourner sur Terre ! affirma Gargu, et au lieu de chercher discrètement le trésor de ta famille, il va massacrer tes parents pour le trouver !

massacrer : tuer sauvagement

– Ma… massacrer ma famille ? répéta Cyprien d'une voix étranglée. Tu crois qu'il en est capable ?
– Et comment ! soupira Gargu. Il paraît qu'il a désintégré des tas de gens du côté de Vénus. Les Vénusiens sont furieux contre lui.
– Et ton papa l'a pris avec lui dans sa soucoupe ? s'étonna Cyprien.
– Il n'aurait pas dû ! avoua Gargu, mais Zarglup est un spécialiste de la Terre. C'est pour ça qu'il est venu avec nous.
– Alors, qu'est-ce qu'on fait ? demanda Cyprien.
Gargu réfléchit un moment et demanda :
– Si je te délivre, est-ce que tu m'aideras à retrouver Zarglup ?
– Oui ! s'exclama Cyprien.

Cyprien avait l'impression de rêver ! La veille encore, il se trouvait chez lui, au mas des Méjean. Il n'était qu'un garçon normal, avec des problèmes normaux. Et maintenant, il se trouvait dans une soucoupe volante avec un copain martien, et il essayait d'éviter une catastrophe interplanétaire.

– Tu comprends, lui expliqua Gargu en s'installant aux commandes de la soucoupe volante, si Zarglup s'empare de la baguette de ta famille, il sera le seul à trouver de l'eau sur Mars.

– Et alors ?
– Alors, il deviendra vite l'homme, enfin le Martien le plus puissant de la planète. Il deviendra DICTATEUR ! Et ensuite, quand il contrôlera MARS, il risque d'envahir la TERRE !

un dictateur : une personne qui gouverne un pays et qui a tous les pouvoirs

– Tu… tu crois ? bégaya Cyprien.
– Et comment ! rétorqua Gargu en tripotant les boutons et les manettes.

La soucoupe volante fonçait de nouveau vers la Terre. Elle traversait silencieusement l'espace, pareille à un disque d'acier lancé à travers l'univers... Les Martiens adultes dormaient toujours. Cyprien, assis à côté de Gargu, l'observait avec fascination. Le jeune Martien se débrouillait comme un chef. Les écrans et les instruments de mesure,

avec fascination : avec une attirance irrésistible

comme un chef : comme un champion

les manettes et les ampoules lumineuses semblaient terriblement compliqués au jeune Terrien, mais ces appareils l'intéressaient drôlement. Cyprien se souvenait de ses espoirs : lui qui souhaitait depuis toujours partir en fusée dans l'espace, explorer des mondes étranges et gambader sur d'autres planètes, il tenait enfin l'occasion de réaliser ses rêves… si Gargu et lui empêchaient l'horrible Sarglup de désintégrer sa famille, de devenir le maître de Mars et de détruire la Terre.

– Oh là là… ça ne va pas être simple, gémit Cyprien pendant que les comètes et les étoiles, les satellites et les astéroïdes tournoyaient follement autour de la soucoupe volante.

gambader : marcher en sautillant

Chapitre 6

La Terre est sauvée !

Cyprien se sentait de plus en plus nerveux au fur et à mesure que la soucoupe volante se rapprochait de la Terre. Dans quel état retrouverait-il sa famille… et sa planète ?
– Dis donc, demanda-t-il à Gargu, on ne risque pas de se faire remarquer ?
Le jeune Martien lui indiqua le cadran d'une horloge compliquée, sur sa droite :
– Tout va bien. Il est juste minuit sur Terre. D'ailleurs ta maison est très isolée, n'est-ce pas ?
– Oui, oui.
Cyprien se sentit très ému lorsque la soucoupe volante surgit doucement des nuages et s'immobilisa au-dessus du mas des Méjean. Le jeune garçon se rendit brusquement compte qu'il adorait la vieille demeure aux murs recouverts de mousse et de lierre, le puits à la margelle rouillée, le bassin aux reflets verdâtres, et enfin les oliviers noueux autour de la maison, pareils à d'étranges vieillards bossus.

se rendre compte : s'apercevoir

noueux : avec beaucoup de renflements

Seulement…
Ses parents, son frère, sa sœur, son cher Moustache… Est-ce que l'horrible Zarglup les avait déjà désintégrés ?
– Dis donc, demanda-t-il au jeune Martien, est-ce que tu te disputes parfois avec ton papa et ta maman ?
– Bien sûr, lui répondit Gargu. L'autre jour, par exemple, mon papa ne voulait pas que je l'accompagne chez les zarglaglas, sous prétexte que c'est très dangereux ! Et moi, je voulais y aller !
– Ah bon ? Et c'est VRAIMENT dangereux, un zarglagla ? demanda Cyprien, perplexe. Apparemment, il avait encore des tas de choses à apprendre sur les secrets de l'espace avant de devenir astronaute.

perplexe : hésitant, embarrassé

– Bof… répondit Gargu en se grattant les antennes, seulement ceux qui ont les tentacules bleus avec des griffes au bout. Par contre ceux qui ont une trompe orange à pois rouges sont très gentils, je trouve.
–Tu en as de la chance, soupira Cyprien d'un ton admiratif. Tu connais le

monde entier ! Tu connais même D'AUTRES mondes. Moi, je voudrais tellement voyager dans l'espace…

Gargu se tourna vers lui, sourit gentiment et lui proposa :

– Si tu veux, quand mon papa sera réveillé, je lui demanderai de t'emmener avec nous sur Mars, comme ça tu pourras apprendre des tas de choses ! Tu deviendras un vrai cosmonaute. On voyagera ensemble jusqu'à Jupiter, jusqu'à Neptune !

– C'est vrai ? s'écria Cyprien ravi. Si tu fais ça, moi je demanderai à MON papa de vous prêter sa baguette de sourcier ! Comme ça, vous trouverez de nouvelles sources et vous aurez autant d'eau qu'il vous en faudra.

Les deux garçons échangèrent un large sourire et se serrèrent gravement la main. C'était comme si le premier traité de paix entre la Terre et Mars venait d'être signé !

– Regarde ! s'exclama soudain Gargu en montrant un de ses écrans se contrôle à Cyprien. Zarglup est là !

à glissière : qui coulisse

un canon : le tube d'une arme à feu

sinistrement : d'une manière qui fait craindre un malheur

Le jeune Martien avait raison : Cyprien vit, sur l'écran, la navette du traître, qui avait la forme d'un gros œuf bleuâtre. Une porte à glissière s'ouvrit sans bruit et Zarglup apparut. Il tenait à la main une espèce de gros pistolet dont le canon luisait sinistrement sous la lune : son désintégrateur atomique ! Cyprien remarqua aussi qu'un drôle de nuage gris entourait le mas.

– Qu'est-ce que c'est ? demanda-t-il à son nouvel ami.

– Hum… Je crois que Zarglup a vaporisé du fritkatchric sur ta maison pour endormir tout le monde. Ils doivent tous ronfler à l'intérieur.
– Oh là là… gémit Cyprien, il faut faire quelque chose, sinon il va massacrer ma famille !
– Heu… hum… ben… marmonna Gargu d'un air soucieux. Je me demande si…
Le jeune Martien s'interrompit brusquement et s'écria :
– Ça alors ! Regarde !

vaporisé : projeté en un nuage de gouttelettes

ronfler : dormir profondément *(langage familier)*

soucieux : préoccupé

Cyprien écarquilla les yeux à son tour. Son cher Moustache venait de surgir du hangar avec un drôle d'objet dans la gueule : la baguette de coudrier !

– Il l'a trouvée ! s'écria Cyprien. Il savait où papa la cachait !

Il réfléchit une seconde et ajouta :

– C'est normal, papa l'a sûrement dressé à la surveiller, puisque c'est l'objet le plus précieux de la maison. Mais pourquoi est-ce que Moustache ne dort pas ?

dresser : apprendre à faire quelque chose à un animal

– Le fritkatchric n'agit pas sur les animaux, lui expliqua Gargu. On dirait que Zarglup l'a oublié !

En bas, Zarglup avait vu le chien et le précieux objet qu'il tenait dans sa gueule. Le Martien poussa un cri de triomphe, pointa son désintégrateur sur le pauvre Moustache et…

– Catastrophe ! gémit Gargu d'une voix désespérée. Zarglup porte une armure magnétique qui le protège contre tous mes rayons et toutes mes ondes. Je ne peux rien faire !

– Mais moi si ! répliqua Cyprien d'un ton triomphal. J'ai mon arme secrète !

triomphal : victorieux

Mais quelle était donc l'arme secrète de Cyprien ?
C'était… sa **FRONDE** ! Une simple fronde en bois et en caoutchouc qu'il avait justement fabriquée parce qu'elle ressemblait à la fameuse baguette de son papa !
Cyprien ouvrit vite le hublot le plus proche. Il plongea la main dans sa poche, en sortit la fronde, la chargea avec le mystérieux écrou qu'il avait trouvé la veille en jouant les détectives et VLAN ! Il assomma l'affreux Zarglup d'un coup d'un seul ! Moustache, la Terre et la planète Mars étaient sauvés !

une fronde :
une arme composée d'un manche fourchu et d'une lanière de cuir qui permet de lancer de petits projectiles

Épilogue

C'est ainsi que Cyprien devint le meilleur ami d'un jeune Martien, et le plus grand héros du système solaire. Il avait sauvé sa planète et son papa prêta sa précieuse baguette aux Martiens pour qu'ils sauvent la leur.
Cyprien devint bien sûr un brillant élève-cosmonaute et aussi le premier ambassadeur de la Terre sur Mars. Il passait toutes ses vacances chez son copain Gargu, pour apprendre les techniques spatiales des Martiens. Mais quand il revenait chez lui, dans sa famille, Cyprien se disait, en regardant le vieux mas, le vieux puits et les vieux arbres :
– J'ai beaucoup de chance ! C'est quand même le plus bel endroit du monde…

un ambassadeur : une personne chargée d'assurer de bonnes relations entre deux pays

Table

Qui a volé le sac
de Madame Choumpette ? 5

Les doigts rouges 31

Sale temps pour l'inspecteur 51

Le secret de Cyprien 75

Achevé d'imprimer en Slovaquie par Polygraf
Dépôt légal : Février 2021 - Collection n° 73 - Édition 10
11/8128/8